T0397903

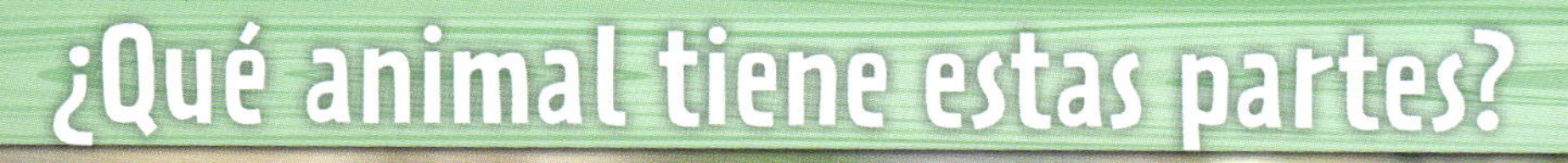

LA COLA

AMY CULLIFORD

TRADUCCIÓN DE
GILDA KUPFERMAN

Un libro de Las Raíces de Crabtree

Apoyos de la escuela a los hogares para cuidadores y maestros

Este libro ayuda a los niños en su desarrollo al permitirles practicar la lectura. Abajo están algunas preguntas guía para ayudar al lector a fortalecer sus habilidades de comprensión. En rojo hay algunas opciones de respuesta.

Antes de leer:

- ¿De qué pienso que trata este libro?
  - *Pienso que este libro es sobre las colas.*
  - *Pienso que este libro es sobre los animales que tienen colas.*
- ¿Qué quiero aprender sobre este tema?
  - *Quiero aprender como son las colas diferentes.*
  - *Quiero que animal tiene cola.*

Durante la lectura:

- Me pregunto por qué...
  - *Me pregunto por qué los animales necesitan colas.*
  - *Me pregunto si algún animal tiene la cola más larga que un lemur.*
- ¿Qué he aprendido hasta ahora?
  - *Aprendí que algunas colas tienen pelo.*
  - *Aprendí que las ballenas tienen colas grandes.*

Después de leer:

- ¿Qué detalles aprendí de este tema?
  - *Aprendí que las colas tienen tamaños y colores diferentes.*
  - *Aprendí que animales con colas pueden encontrarse en toda clase de hábitat.*
- Lee el libro una vez más y busca las palabras del vocabulario.
  - *Veo la palabra* ***lémur*** *en la página 4 y la palabra* ***ballena*** *en la página 8. Las demás palabras del vocabulario están en la página 14.*

¿Qué **animal** tiene la **cola** larga como esta?

¡Un **lémur**!

¿Cuál animal tiene esta cola grande?

¡Una **ballena**!

¿Qué animal tiene la cola **peluda**?

¡Un **gato**!

Lista de palabras

Palabras de uso común

como
cuál
esta
grande
larga
qué
tiene
un

Palabras para conocer

animal

ballena

cola

gato

lémur

peluda

26 Palabras

¿Qué **animal** tiene la **cola** larga como esta?

¡Un **lémur**!

¿Cuál animal tiene esta cola grande?

¡Una **ballena**!

¿Qué animal tiene la cola **peluda**?

¡Un **gato**!

¿Qué animal tiene estas partes?

LA COLA

Written by: Amy Culliford
Designed by: Bobbie Houser
Series Development: James Earley
Proofreader: Janine Deschenes
Educational Consultant: Marie Lemke M.Ed.
Translation to Spanish: Gilda Kupferman

Photographs:
Shutterstock: Lauren Bilboe: cover; ecuadorplanet: p. 1; dangdumrong: p. 3, 14; yakub88: p. 5, 14; Tory Kallman: p. 7, 14; Earth theater: p. 8-9, 14; sweeth2o: p. 10, 14; Oleksandr Volchanskyi: p. 13-14

Library and Archives Canada Cataloguing in Publication

CIP available at Library and Archives Canada

Library of Congress Cataloging-in-Publication Data

CIP available at Library of Congress

Crabtree Publishing Company

www.crabtreebooks.com 1-800-387-7650

 Printed in the U.S.A./072022/CG20220201

 In Canada: We acknowledge the financial support of the Government of Canada through the Canada Book Fund for our publishing activities.

Published in the United States
Crabtree Publishing
347 Fifth Avenue, Suite 1402-145
New York, NY, 10016

Published in Canada
Crabtree Publishing
616 Welland Ave.
St. Catharines, ON, L2M 5V6